諷詩調詩集 · 56

풍諷계戒집集 · 23

박진환 제74집

지성 · 감성의 메타언어
조선문학시인선 · 392

諷詩調詩集 · 56

풍諷계戒집集 · 23

조선문학사

■ 책머리에

풍시조(諷詩調)는 진실과 허위의 도박이다.

2014년 初夏

박 진 환

박진환 제74집 / 諷詩調詩集 · 56

풍諷계戒집集 · 23

차례

칠만하지

한·중 밀월에, 북·일 밀월, 동북아가 목하 짝짓기
이러다 국경 아닌 정치 지형도 바뀌지 않을지
허긴 이데올로기 삭은 목익(木杙)된지 오래, 울타리 새로 칠만하지

정치 함수

한·미, 한·일, 한·중, 북·일 얽히고설킨 외교
수학사전에는 푸는 방정식도 정답도 없는
풀 수도, 풀릴 수도 없는, 풀면 풀수록 꼬이는 정치 함수

못 벗어날 걸

동북아정세, 국익에 따라 둔갑하는 격변
격변하면 뭘 하나, 종국엔 G2의 뜻대로 의지대로 재편될 걸
재편되면 뭘 하나, 종국엔 주종관계 못 벗어날 걸

결단이 필요한데

꼬리를 잘라내지 못한 발전소 부품 납품 비리
자르면 자른 만큼 또 자라나는 부정의 꼬리
절장보단의 지혜와 뿌리째 뽑아내는 절단 보단 결단이 필요한데

턱 또한 높아서

중, 시진핑 주석 한국방문, 친척집 나들이로 자평
옛날 같았으면 어림 턱도 없는 소리, 이웃사촌 아닌 주종관계였거든
코리아의 위상 높아지긴 했는데 G2의 턱 또한 높아서

죽어가고 있어서

일, 집단자위권, 정작 일인들 찬성 37%에 반대는 50%
반대 무릅쓰고 밀어붙이는 걸 보면 도쓰게끼 정신 살아있음인데
도쓰게끼 정신 살아 있어 좋겠네마는 평화주의는 죽어가고 있어서

저 꼴 아니었겠나

미 경찰 흑인 여인 깔고 앉아 쥐어박는 주먹질 화면 세계인이 충격
어쩌다 흑백 인종차별 못 면해 보인 험한 꼴
허긴, 우리도 내리치는 곤봉세례 저 꼴 아니었겠나

둘 다인가?

하루의 반은 유리벽에, 반은 갑충(甲蟲)들의 내장에 갇혀 사는
한시도 삶이란 쳇바퀴를 벗어나지 못하는 각자도생 잠시 접고
파한삼아 들어서본 그늘의 한때는 자유인가? 구속인가? 둘 다인가?

도배하리니

폭서 피해 물놀이 즐기는 반라의 비키니들 얼굴엔 그늘이 없다
그늘 없어도 즐기는 피서, 맘껏 즐기고들 오시게나
물밖엔 기다리는 연옥 있어 얼굴마다 주름진 그늘로 도배하리니

피로 맺힐 테니

2014년 코리아의 7월은 청포도가 익어가는 계절
264 흉내하지 말라고? 천만의 말씀, 연줄마다 주렁주렁
주렁주렁 연줄마다 짜디짠 보선 땀방울 피로 맺힐 테니

돈·밥 세상인데

한가히 거니는 저 흰구름 쳐다보며 벗하는 이 몇이나 될까
발등만 내려다보고 살다 목 굽어 디스크 못 면하고 사는 판에
쳐다보면 돈나오나, 밥나오나, 굽어봐도 안 보이는 돈·밥 세상인데

못 지녔음인데

보는 이마다 날 보고 건강하다고? 몸만 성하면 건강하냐
태워도 태워도 태우지 못한 욕심으로 멍든 마음은 시커멍인데
두 눈만 성하면 다냐, 마음의 눈 하나도 못 지념음인데

이러하거니

검은 돈만 보면 감았던 눈도 번쩍 뜨는 금감원
헌데 어쩐다, 검은 돈관 달리 누런 황금엔 안질에 걸려서
금감원이 눈감원 되는 이치가 이러하거니

아닐지

빈 수레가 더 요란하고 빈 깡통일수록 소리가 높지
어느 광고 아줌마, 내 소득 와서 확인해보라던데
몇 푼 된다고, 빈 수레, 빈 깡통, 빈 통장이나 아닐지

피로 보를 쌓다니

빗 8조에 수질오염 등 말썽 많은 4대강 보로는 부족했나
3조 규모의 11개 댐 계획 또 추진 중이라니 혈세로 피 말리고
녹조로 물 흐려 말려죽일 작정인가, 피로 보를 쌓다니

썩은 물 못 면할 판

4대강 큰빗이끼벌레 생태계 교란 심화시킬 것이란 보도
4대강 빚 8조면 큰빚인데 빚보다 무서운 큰빗이끼벌레 창궐
이러다 큰빚 · 큰빗 한데어울리면 피로 채운 봇물, 썩은물 못면할판

우글거려서

정치적 득실로 작용하는 사건·사고, 잘 이용하면 득
잘못 이용하면 실, 헌데 사건·사고 때마다
득실득실 바퀴벌레만도 못한 꼼수가 우글거려서

따로 있어서

세월호 비극까지 득실로 계산하며 계산기 두들기는 정치권
여는 여대로, 야는 야대로 7·30 보선에 연계 +버튼 때리던데
그놈의 계산기란 게 오작동 말고도 꼼수 버튼이 따로 있어서

갇힌 꼴 돼서야

대미·대중·대일 밀착 의존관계 속엔 울타리 쳐 대북 고립의도도
역발상으로 이를 전환, 대북 울타리 풀면 일석삼조 되는 것을
괜스레 고집부리다 불통 자초, 되레 울에 갇힌 꼴 돼서야

앞에 하고 있으니

목하 동북아 격랑, 언제 쓰나미로 덮쳐올지 모르는 격변
강대국 힘겨루기 노도에 출렁이는 편주 코리아호인데
언제 몰려올지 모르는 노도·격랑·쓰나미 앞에 하고 있으니

겁수는 면해야 할 텐데

드디어 너구리 꼬리를 물고 장마가 따라올 모양이다
유월장마에는 돌도 큰다던데, 그랬으면 오죽 좋으련만
정치 곰팡이에 누수현상도 겹칠 모양이니 겁수는 면해야 할 텐데

※ 겁수(劫水) : 세계가 파멸될 때 난다는 큰 물을 이르는 불가의 말.

못하니

박근혜 2기 내각에 대한 만족 33%여에 불만족이 2배인 65.6%

대통령 국정수행 잘못이 50.1%

프로 프로 왕프로도 하강만도 못한 상승, 끌어내리지 못하니

KO

국회청문회 되레 사면회가 옳을 듯
죄송하다, 송구스럽다, 잘못됐다면 OK
잘못은 있고 책임은지지 않으니 잘못은 OK, 진실은 잘못에 KO

가난할 빈자도 되거든

빈수레 · 빈깡통 · 빈바가지 · 빈통장이 더 요란한 법
어떤 아줌마 "내 소득 와서 확인해보라"고 통사정이던데, 몇푼된다고
빈수레 · 빈깡통 · 빈바가지 · 빈통장의 '빈'자가 가난할 빈자도 되거든

발목 잡혀

국회인사청문회도 요령이 필요해, 팍 숙여 고분고분

잘못됐다, 송구스럽다, 죄송하다로 솔직하면 허물 덮어, 헌데

회피 · 비판 · 발뺌하며 요령부득이면 되레 비판 못면해 회피 발목잡혀

안됐으면 좋으련만

인천 아시안게임에 북 응원단 보낸다던데
미녀군단 만면에 가득한 웃음 활짝 꽃으로 피겠네, 헌데 어쩐다
따지 못한 금메달 짜증 꽃잎마다 얼룩주름 안됐으면 좋으련만

적자 혈통이어서

나라살림 지난 4월까지 적자 16조원으로 전문가들 증세 의견
헌데 나라사림 책임수장 경제 부총리는 직접증세 반대
찬성 · 반성 필요하지만 집권당 상징색 레드가 적자 혈통이어서

덕목 삼았거늘

군자는 자기에게 책임을 추궁하고 소인은 남에 추궁한다 했던가
허면 '내탓' 하면서 책임지지 않고, '네탓' 하면서 책임 회피하면
군잔가? 소인인가? 옛분들은 불심지책 덕목 삼았거늘

※ 불심지책(不審之責) : 자세히 살펴 알지 못한데 대한 책임을 짐.

발자국 ??????

찍지 않고도 찍힌 유병언 여섯 발자국 ??????
안잡는거냐? 못잡는거냐? 국내에 있느냐? 해외로 빠져 나갔냐?
땅으로 꺼졌냐? 하늘로 솟았냐? 몸통 없이도 찍힌 발자국 ??????

강심장

여론의 뭇매에도 아파할 줄 모르는 맷집좋은 정승 후보님들
부끄럼보다 뻔뻔함에 더 번지르르 살이 오른, 부럽다
죄 없이도 죄고 사는 가슴인데 몽둥이질에도 까딱없는 강심장

쳐 싼다

정작 보물은 문밖에 있는데 울안에서만 찾아싼다
남 주기엔 아깝고 챙기자니 성에 안찬 정치 계륵 7·30 보선후보
세상 어지러우니 닭이 학의 홰를 쳐 싼다

얼척 없는 일이지

내로라한 인물들 험 없는 사람이 없데
사람이니 험 있어야지 없으면 하느님이게
헌데 사람 사는 세상에서 하느님을 찾으니 얼척 없는 일이지

이러하지

청문회란게 본디는 상대의 말을 듣기 위해 귀를 엶인데
귀는 닫고 입만 열어 목소리 높이는 개구장 같데
허니 개판이란 말 듣는 소의가 이러하지

앞뒤가 뒤바뀌었으니

국가개조 앞세우고 출범한 박근혜 2기 내각, 유임총리에
차떼기 · 음주운전 · 고추밭 장관까지면 앞세운 국개에 앞서
지휘주체 개조가 먼저여야 할 듯, 헌데 앞뒤가 바뀌었으니

어쩔겨

큰빛에 시달리면 물도 독 뿜어 큰빛이끼벌레 키운데
그래서 큰빛이 곧 큰빛이끼벌레와 형제뻘이래
참말이건, 거짓말이건, 큰빛도 사실, 큰빛도 사실이니, 어쩔겨

회피성 딴전

5·16이 뭔줄 아는 사람, 예예 저요저요, 그래 김수명 학생 말해봐요
"군사구테타요", 초등학생도 정답인데 정작 교육부장관 지명자 왈
"현시점에서 평가 적절치 않다"고 회피성 딴전

죄다 외면해서

대통령 뒤에 대자돌림 섭정대원군 있고
총리 위에 서열에도 없는 부통령 있고
헌데 대원군·부통령이 1인 2역의 악역, 관객이 죄다 외면해서

정답이지

코리언 20~40대가 품은 속내 중 부의 분배 불공정이 91%

심각한 빈부격차 93%로 부에 대한 부정적 반응

허긴 긍정적 반응도 있었던가, 없었으니 부정적이 정답이지

더 큰 문제지

APT 화장실 담배연기 5분 내 위·아래층으로 퍼진다데
화장실뿐이겠냐, 현관·베란다도 매한가질 터, 퍼져
간접흡연 피해도 문제지만 정작 끽연자 멍든 폐는 더 큰 문제지

않는다는 사실

MB정부 4대강 건설사 입찰담합 알고도 묵인 했겠나
불 보듯 뻔한 생태계 파괴 · 수질오염 · 봇물보다 많은 빚
헌데 하나 몰랐던 것, 역사는 묵인해주지 않는다는 사실

국정원인데

국정원 문서위조 은폐 위해 거짓 진술까지 사주에 지시까지
거기다 국정원장 내정자 정치자금 차떼기면, 글쎄
국개론 무색해서 어쩐다, 정작 국개차 이끌 향도가 국정원인데

따로 본 명언

김 교육장관내정자 청문회, 당사자는 어물어물, 우물쭈물에 오락가락
여당의원들은 고개 절래절래, 야당의원들은 황당당황
그중에 명언 하나, '5 · 16은 군사정변', 쿠데타와 정변 따로 본 명언

대학원생들

논문표절도 관례, 대필도 관례, 연구비 가로채기도 관례
그래, 관례대로만 따라하면 잘못이 아니란 말인가?
관례(慣例)에 길들여져 관례(官隸)가 돼버린 대학원생들

※ 관례(官隸) : 관가에서 부리던 하인들.

어쩔겨

누구는 군인시절에 석 · 박사 학위에 대학 강의까지 하고
누구는 죽어라 군복무에만 청춘을 바치고, 같은 군생활이 이래서야
허긴 부당한 군대 특혜도 관례, 관례 좇았는데 어쩔겨

먹구름에 가려 있으니

무지개로 띄운 드레스텐 구상, 한반도 신뢰 프로세스,
동북아 평화 협력구상 등은 쌍무지개보다 더 고운 세쌍무지개
헌데 어쩐다, 걷힐 기미 안 보이는 북녘 먹구름에 가려 있으니

말발굽으로 찍혀서

마사회가 코스도 없이 막 달리기만 한 모양이던데
고삐가 풀려버린 건지? 주인말을 말이 따르지 않는건지? 그도아니면
정부 통제권 밖으로 뛰쳐가버린건지? 의문부만 말발굽으로 찍혀서

못 미쳤음 아니던가

요즘 관례가 화두던데 관례를 돌려 바꾸면 상식, 상식의 유무는
교육의 유무에 의하지 않는다던데 김 교육장관 지명자만 유독
관례 운운으로 일관, 허니 교육이전의 상식에도 못미쳤음 아니던가

알아야 하는 건데

여당의 두 얼굴, 하나는 박대통령 얼굴 지우기, 하나는 내세우기
대통령 얼굴이 당리당략에 따라 감추었다 내밀었다 하는 간판인가
쇼에 속을 관객 이젠 없다는 사실쯤 알아야 하는 건데

잡힐까?

1년 365일 당신을 째려보는 눈 있다던데 드론형 CCTV
사생활 보호무시 지적 없지않지만 각종 사건 · 사고 밝히는덴 필수
와야할 사건은 그전에 그림잘 던진다던데, 그림자도 잡힐까?

꼴이어서

유병언 체포 위해 38일 동안 투입된 경찰병력 130만 명이라던데
경찰인력 12만여의 10배로 하루에 3만3천여 명 동원한 꼴
헌데 꼴이 꼴이 아닌 찌그러진 꼴이어서

끌고 가거라

태풍 너구리, 거친 행보 일본열도로 바꾼건 다행이네만
안 그래도 선거 열풍에 연옥 못 면하고 사는데 아열대 선사라니
이놈아, 연옥 피해 돌아가지 말고 연옥 썩은 바람이나 끌고 가거라

이 · 팔 전쟁이 그래

이 · 팔은? 16, 그건 곱하기고, 이 · 팔은? 청춘, 그건 메타포고
이 · 팔은? 이스라엘 · 팔레스타인 전쟁
이는 이기고 팔은 팔들고, 이 · 팔 전쟁이 그래

거짓말 박사들이어서

문화부장관 내정자 청문회, 전매투기 상오엔 부인, 하오엔 시인
하루에 두 번 둔갑하는 카멜레온, 거짓말에도 달인급
허긴, 시인이란게 거짓말로 참말 빰치는 거짓말 박사들이어서

다르지 않거든

박대통령 '첫 여성 원내대표 축하'에 '첫 여성 대통령 탄생 덕분'
서로 나눈 덕담은 좋았지만 글쎄, 정치란 게 덕담관 달리
주약신강 다반사여서, 인사 참사도 다르지 않거든

※ 주약신강(主弱臣强) : 임금이 약하고 신하가 억세다는 뜻으로 신하가 실권을 행사한다는 말.

4대강 하마

4대강을 세금 먹는 하마로 비유했던데 잘못 됐어
하마는 물속에 살면서 나무뿌리 · 과실 · 풀 따위를 먹고 사는데
4대강 하마는 피를 먹고 살거든, 4대강 봇물이 혈세로 고인 핏물이거든

세긴 센 모양이다

청와대는 컨트롤타워가 아니니 재난지휘권이 없고 대통령은 재난구조자가 아니다, 대원군 말씀인데 그와 유사한 말 했다가 전 국가안보실장은 목 달아났는데, 까딱없는걸 보면 세긴 센 모양이다

다반사여서

박근혜 대통령 1기 내각실패 주범은 불통 · 고집 · 독선
2기엔 소통 · 화해 · 협력으로 기대해도 좋을지?
헌데 기대란 게 악목불음 못 면하기가 다반사여서

※ 악목불음(惡木不蔭) : 나쁜 나무에는 그늘도 없다는 말이니 좋지 못한 사람에게서는 바랄 것 또한 없다는 뜻.

익혀둘 일이다

닫는 법만 알고 여는 법을 모르면 되레 갇히기 쉽다
여는 법만 알고 닫는 법을 모르면 되레 풀리기 쉽다, 쉬움으로써
어려운 것을 넘어서는 여닫는 법의 지혜를 익혀둘 일이다

그러하지 않던가

문이란 닫아걸면 찾아왔던 이의 발걸음도 멀어진다
멀어진 발걸음 되돌리려면 활짝 문을 열어둘일, 열어 가까이 있는이
기쁘고 멀리 있는 이 찾아오는 일, 선정(善政)이 그러하지 않던가

아니던가

정치도, 전쟁도, 평화도, 국제 밀월도 다 이해관계
이해로 맺어지기도 하고, 이해로 풀어지기도 하는 관계
맺었다 풀리고, 풀렸다 맺어지는 관계의 되풀이가 세상사는일 아니던가

이러한 것을

이익만 있고 손해는 없다면, 손해만 있고 이익이 없다면
어찌 거래가 성사되겠는가, 줄만큼 주고 받을만큼 받을 줄 아는
넘치지도 부족하지도 않는 절장보단의 지혜, 정치도 이러한 것을

※ 절장보단(絶長補短) : 긴 것을 잘라내고 짧은 것을 이어 맨다는 말.

더 좋아해서 · 1

이긴쪽이 있으면 진쪽도 있는 법, 게임의 법도가 그러하지 않던가
승자에겐 축하를, 패자에겐 위로를 보낼 줄 아는 게임
헌데, 코리아의 정치게임은 룰보다 반칙을 더 좋아해서

또 있어서

부정 · 부패 · 비리 · 부조리가 없다면 법이 무슨 소용이겠는가
법이 있어 다스리고, 다스리기 위해 법이 있는 것을
헌데 범법이란 게 법을 앞질러 가거나 피해가는 법이 또 있어서

국민들

세상이 온통 여야차지, 선거만 있으면 세상 내것인양 신명난 여 · 야
놀아나는 꼴이 흡사 무당 칼춤 아니면 망나니 칼춤
그것도 구경이라고 흘겨보다 사시 못 면한 국민들

'검증 잘못 탓'이었던 것을

국회인사청문회 '제도 탓' 들어가고 드디어 '자질 탓' 부각
헌데 자질 검증하는 곳 따로 안 있던가
결국은 '제도 탓'도 '자질 탓'도 아닌 '검증 잘못 탓'이었던 것을

차망우물 아니었겠나

맥주 마시면 어떻고 폭탄주 마시면 어떻나만 문공장관 내정자
자신의 위증 때문에 정회에 들어간 틈타 폭탄주 건배였다니
그 술맛 술맛이었겠나, 죽을맛 달래려는 차망우물 아니었겠나

※ 차망우물(此忘憂物) : 이 시름을 잊게 해주는 물건이란 뜻으로 술을 가리키는 말.

먼저였거든

'국가 개조', '국가 혁신'으로 바꾸겠다고 약속했다던데
이제야 말문이 트이고 트여 소통 시작되는 모양이네
허긴, 국가 개조보다 침묵 개조·혁신이 먼저였거든

되는 것을

혁신은 외부가 아닌 내부에서 발생해야 한다던데, 비록 내부 아닌 외부의 건의에 따르긴 했지만 '개조'면 어떻고 '혁신'이면 어떻나 '개조', '혁신' 합치면 개혁, 개혁이 개조도 되고 혁신도 되는 것을

창궐 중이란 뜻

세월호 참사, '조류독감'에 비유한 발상은 시적인데
정작 더 시적인건 세월호 유족들의 발상 "희생자가 닭이에요"
AI로 본 발상 뒤집어 보면 온통 국가가 독감앓이 창궐 중이란 뜻

진실일까?

팔·이 휴전협상 돕겠다는 오바마 제안, 이스라엘 거부
싸워야 이기고, 이겨야 살아남는 생존경쟁에 휴전이라니
한손엔 바이블, 한손엔 총, 어느 것이 이스라엘 진실일까?

더 좋아해서 · 2

화장실, 큰것 보고 손 안씻으면 3시간 후 세균 26만 마리 득실득실
　헌데 용변 후 비누칠은 4명 중 1명, 내민 손 외면한 섭섭옥수
세균때문이었을듯, 헌데 세균이란 놈은 부드러운 피부를 더좋아해서

발음이 형제뻘이어서

한국수자원개발공사와 환경단체 큰빗이끼벌레로 대립각 서로 견해 · 해명 · 이유 · 결과 달리할수 있겠지만 수공이 안고있는 보에 갇힌 큰빗이끼벌레의 '큰빗'과 '큰빗'은 발음이 형제뻘이어서

한 말이었다는 것을

G2 사이에 끼어 한사코 중심축이 흔들리고 있는 코리아
거기다 아베의 군국주의, 북녘의 불장난에 직면한 사면초가
알 것 같네, 사면초가가 초라한 푸른집을 두고 한 말이었다는 것을

팔 수는 없는 걸까

요즘 택실 타보면 정년퇴임 후 운전대를 잡은 노인층이 많다
이에 비례해 해마다 늘어나는 노인교통사고, 느느니 노인에
느느니 사고, 이놈의 사고 팔 수는 없는 걸까

저질의 오답이다

"청와대는 컨트롤타워가 아니다"란 말 법적으론 정답이다
허나 인간적으론 정답은커녕 오답 이하다, 더구나
나랏님은 재난구조자가 아니란 말은 오답 중에서도 저질의 오답이다

지켜보고 있어서

박근혜정부 전매특허품 1호는 '물타기', 2호는 '네 탓', 3호는 '쇼'
헌데 어쩐다, 눈높이 높아진
진짜, 가짜 식별할 줄 아는 4천만의 눈이 지켜보고 있어서

꼬리 못 면할지도

향후 15년 후를 내다보는 경제 시각들 2031년이면
경제성장률 멈춰 제자리걸음 못면할 것이란 진단, 제자리면 다행이게
국제 성장에 밀려 뒷걸음치다 꼬레 전매특허품 꼬리 못 면할지도

엄청 사랑하거든

한국경제 골든타임 지나간다는 경제 진단, 이유인즉
국회가 골든타임 잡아먹어서라던데, 물고기 중에 사랑하면
잡아먹어버리는 고기 있다던데 금배지도 골드를 엄청 사랑하거든

어떨지

대통령 친인척 비위 감찰하는 감찰관제가 있는 모양이던데
비위 감시하는 감찰관보다 더 효과적인 방법
대통령 집무실에 '王者無親'이란 현판 하나 걸어두면 어떨지

웃느냐지

야, 권은희 공천 두고 '소가 웃을 일'이라고 비아냥
소가 웃건 말이 웃건, 우는 것보다야 짱이지
문제는 7·30 미소, 소가 웃느냐? 권은희가 웃느냐?지

아니거든

야권 공천 파동 축구에 견주어 자책골이라고 헐뜯던데
골인엔 자책골 말고도 프리킥, 코너킥에 페널티킥 골도 있지
그보다는 야의 PK도 따지고 보면 자책 페널티킥 골 아니던가

있어서

한국인 10년 이상 지병 안고 산다는 진단 통계로 나와
10년이면 감기 수준이지, 종신지질도 부지기순데
그보다는 대대로 물려받은 고질 유전병 '체병'도 있어서

※ 종신지질(終身之疾) : 평생 고칠 수 없는 병.

왕자유친이었으니

지난해 부채 늘어난 공공기관 상위 10곳 중 8곳이 친박 낙하산
군왕의 법도 왕자무친 덕목 삼았거늘
어쩐다 국고만 축내는 공기업이 왕자유친이었으니

※ 왕자유친(王者有親) : 나랏님은 사사로운 정에 이끌려 정치를 해서는 안 된다는 왕자무친(王者無親)에 빗대어 사사로움이 정치에 관여했다는 뜻으로 쓴 일종의 조어.

중구(衆口)에 오르데

술은 즐기는 벗일 수도, 삭히지 못한 분노의 표출일 수도 있고
차망우물일 수도 있지, 그뿐인가, 잘마시면 약, 잘못마시면 독인데
독보다 무서운 폭탄으로 마시는 장관내정자도 있어 중구에 오르데

※ 차망우물(此忘憂物) : 이 시름을 잊는 물건이란 뜻으로 술을 가리킴.

범법자인 것을

7 · 30 보선 출마자 55명 중 그 반이 넘는 30명이 전과기록 있다데
전과기록이면 범법자였다는 뜻, 허긴 삶은 감옥
삶에 갇혀 사는 인간은 수인이라니 인간 자체가 범법자인 것을

종신지질인데

일 아베총리 더 이상 야스쿠니 참배 안한다고 중국측에 전달
11월 베이징에서 열리는 APEC회의때 중·일 정상회담 촉구용이라던데
글쎄, 촉구가 악발될까? 중국인에겐 반일감정 종신지질인데

※ 종신지질(終身之疾) : 평생 치유할 수 없는 병.

못 면하거든

연일 공격 퍼부어 매일 50여 명의 사망자를 낸 이, 팔레스타인 공격
이 살육 만행, 유엔 속수무책에 그들의 아버지이신 하나님도 못말려
한번 본 피 맛에 취하면 짐승 못 면하거든

더 깊어서

소통이냐? 불통이냐? 고민에 고민 거듭되는 박대통령
고민에 대한 최고의 양약을 종교적 신앙이라던데
글쎄요, 신적 신앙보다 인간적 고민의 깊이가 더 깊어서

방조와 동조라니

미・영, 이스라엘 하마스 공격을 전쟁으로 간주, 방조와 동조
첨단무기로 공격한 이와 재래 로켓으로 맞선 팔, 전쟁은 전쟁일까
전쟁이건 아니건, 살육은 막아야함이 도리인데 되레 방조와 동조라니

표절은 도둑놈이거든

요즘 화두는 단연 '표절', 무엇이든 베껴 쓰는 놈이 장땡이다
헌데, 예술은 표절이든가 혁명이라 했던가
우리말에도 슬갑도둑※이란 말 있지, 표절은 도둑놈이거든

※ 남의 글을 몰래 훔쳐서 그것을 옳지 못하게 쓰는 사람을 비웃는 우리 속담.

무식이 왕인 세상

무식장이를 불식일정자라고 했던가
무식은 무식으로만 통하는 유식과는 불통
소경의 나라에선 소경이 왕이듯 무식이 왕인 어둠뿐인 세상

먼저 아니던가

중국이 추진중인 아시아인프라개발은행에 한국도 참여
미 의식보다 현실 인식이 더 중요, 인식이 더 실제적이거든
지금은 신자유주의시대, 이상보다 실제가 먼저 아니던가

힘이 먼저여서

새누리전당대회 누가 당수가 되건 관심밖이지만, 관심거리 하나는
계보·입장·주장 서로 다르지만 한 목소리 박근혜대통령 모시기
어른 잘 모셔야 복 받지, 헌데 정치란 게 복보다 힘이 먼저여서

둘 다 죽음이 아니던가

세월호 참사에 인사 참사, 겹치기 참사
이러다 참사(慘事)가 참사(慘死)나 안 될지
물에 빠져 죽으나 목 달아난 거나 둘 다 죽음이 아니던가

눈감원이지

동양증권사태, 사전에 막아야 했을 금감원 태만 때문이었다데
허니 금감원을 눈감원이라 비아냥하지
보고도 못본 척, 알고도 모른 척, 눈감아 줬으니 눈감원이지

옛말이었나 보네

친박 심판이냐? 당심 반란이냐? 아니면 종박 몰락이냐?
허긴, 천하 금성철벽도 언젠가는 금가고 무너지기 마련인걸
돌로된 성보다 사람으로된 성이 가장 군세단 말, 옛말이었나 보네

말짱 구두선이지

장수비결, 하루 1건 좋은일 하기, 백번 웃기, 백자이상 글쓰기, 천자 읽기
만보 걷기, 웃기시네, 궂은일 못면하고, 울음 못면하고, 쓰고 읽긴
남의 일, 만보는커녕 漫步도 싫어하는 세상에 말짱 구두선이지

둘 다 필요존재니

북녘의 두 이미지 미녀군단 응원단은 천사적 이미지
날마다 쏘아대는 대포동 미사일은 악마적 이미지, 헌데 어쩐다
악마없인 천사가, 천사없인 악마가 존재할 수 없는 둘 다 필요존재니

불 보듯 뻔한데

집권 17개월 만에 친박 몰락이라던데 글쎄요
7 · 30 보선 결과에 따라선 몰락 아닌 파열 차원될 수도
갈라져 틈 생기면 정권누수 가속화 불 보듯 뻔한데

했던가

박근혜대통령 새누리 상징이미지 레드 일색으로 결속 노렸으나
어쩐다, 별무효과로 색깔만 화려 과시
이를 두고 옛분들 격화소양이라 했던가

※ 격화소양(隔靴搔癢) : 신을 신고 가려운 데를 긁는다 함이니 마음으로는 애써 하려하나 아무리 하여도 효과를 얻지 못한다는 뜻.

•

박진환 시인은 전남 해남 출신으로 동국대 국문학과를 거쳐 중앙대 대학원을 졸업(문학박사)했다. 1960년 동아일보 신춘문예(詩)・1963년 自由文學(문학평론)으로 문단에 데뷔했고, 국제PEN한국본부 사무국장 및 이사, 한국문협 고문을 역임했다. 제9회 시문학상, 제3회 비평문학상, 펜문학상, 윤동주문학상 등을 수상했고, 한서대학교 교수 및 예술대학원장을 역임했으며 현재 월간『조선문학』발행인 겸 주간으로 있다. 중요 저서로는 시집에 『귀로』,『사랑법』,『꽃시집』,『三行詩抄』Ⅰ~Ⅺ『諷詩調』,『박진환시전집』Ⅰ・Ⅱ・Ⅲ・Ⅳ・Ⅴ・Ⅵ・Ⅶ,『物神時代』Ⅰ・Ⅱ・Ⅲ・Ⅳ・Ⅴ,『동굴일지』Ⅰ・Ⅱ・Ⅲ・Ⅳ・Ⅴ,『2012년 8월』에서『2013년 7월』까지,『풍계집・1』에서『풍계집・25』까지 76권의 시집이 있고 평론집으로『한국현대시인론』,『현대시론』,『21C시학과 시법』등 다수와『한국시의 공간구조연구』,『21C 시학』,『시창작론』,『諷詩調詩學』외 다수의 역저가 있다.

•

조선문학시인선 392

諷詩調詩集・56

풍諷계戒집集・23

2014년 8월 20일 인쇄
2014년 8월 30일 발행

지은이 / 박진환
발행인 / 박진환
펴낸곳 / 조선문학사
등록번호 / 1-2733
주소 / 120-853 서울 서대문구 통일로 389(홍제동)
전화 / 02-730-2255
팩스 / 02-723-9373

ISBN 978-89-98115-82-1

정가 10,000원